Koumba e o Tambor Diambê

Madu Costa

Desenhos de Rubem Filho

2ª edição

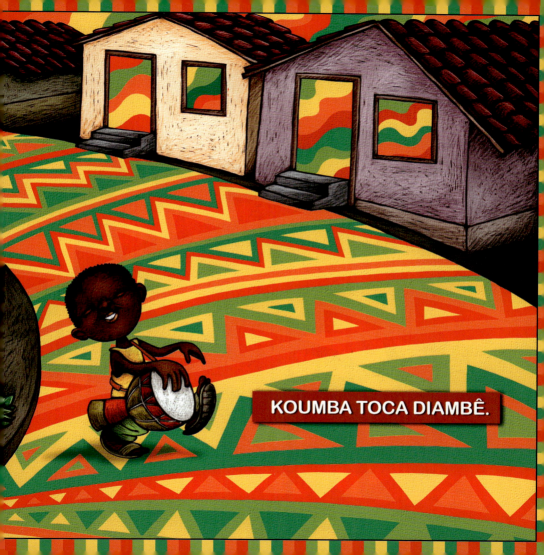

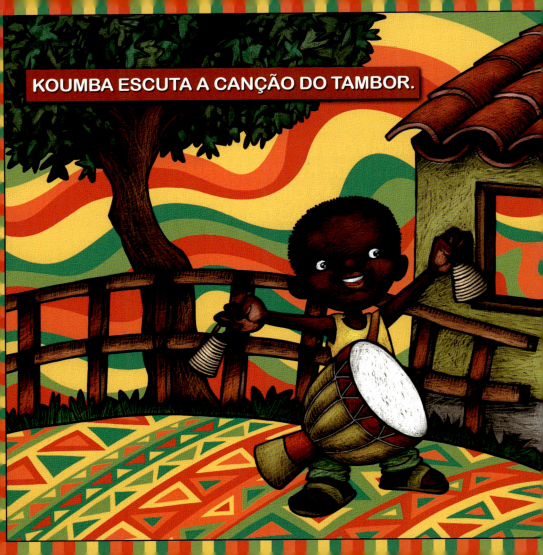

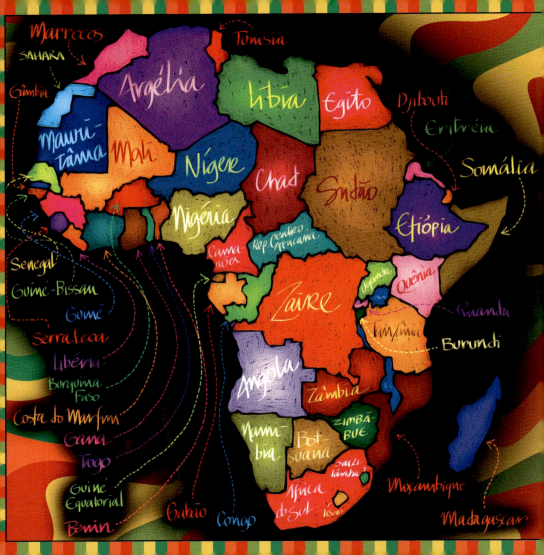

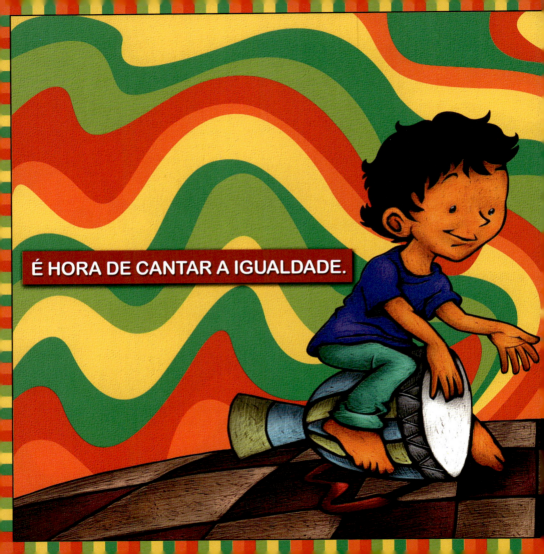

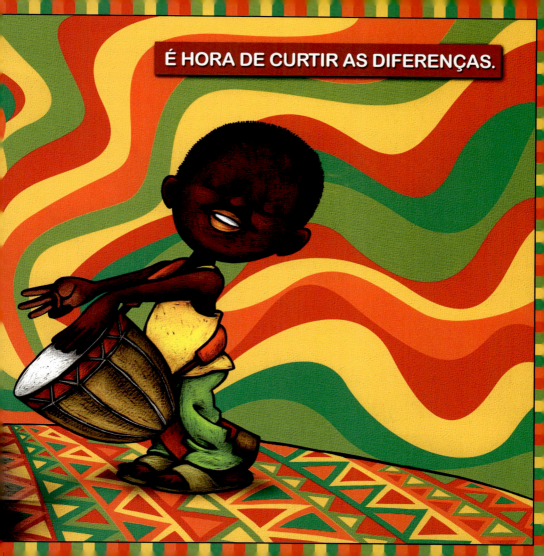

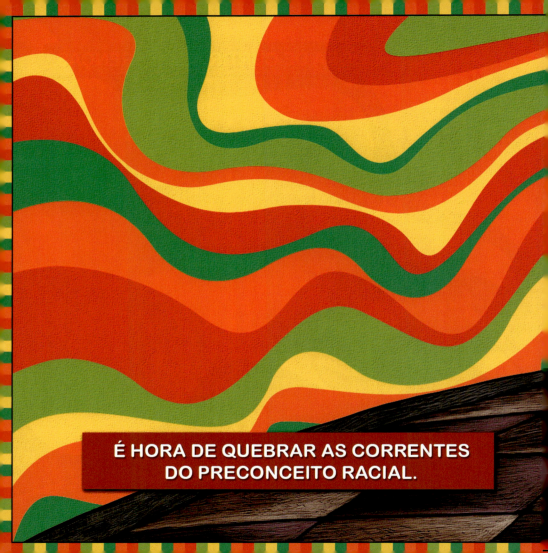

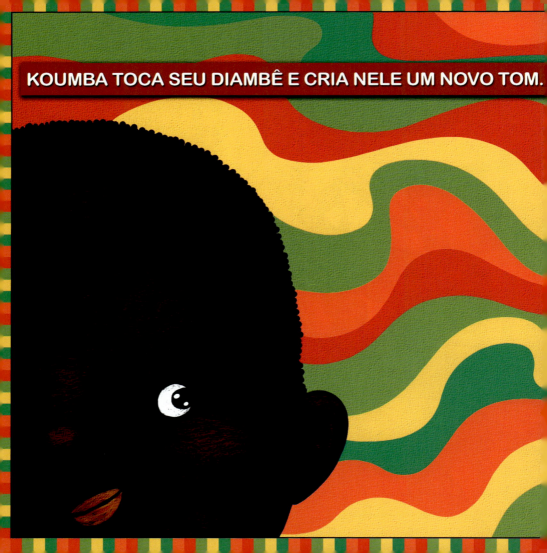

Copyright © 2006 by Maria do Carmo Ferreira da Costa.
Todos os direitos reservados.

Capa, ilustrações e projeto gráfico
Rubem Filho

Revisão
Ana Emília de Carvalho

1ª reimpressão - 2020

C 837k   Costa, Madu.
          Koumba e o Tambor Diambê / Madu Costa; desenhos de
      Rubem Filho. – 2 . ed. – Belo Horizonte: Mazza Edições, 2009.
      24 p.: il.; 15 x 15 cm. – (Coleção Griot Mirim; v.1).

          ISBN 85-7160-360-X (Coleção)
          ISBN 978-85-7160-494-0

          1. Literatura infantil. I. Rubem Filho. II. Título. III. Série.

                                                        CDD: 028.5
                                                        CDU: 087.5

Produção gráfico-editorial
Mazza Edições Ltda.
Rua Bragança, 101 – Bairro Pompeia – Telefax: (31) 3481-0591
30280-410 Belo Horizonte – MG
e-mail: edmazza@uai.com.br
www.mazzaedicoes.com.br